TABLE OF CONTENT

CMYK DENSITY GUIDE

CYAN	MAGENTA	YELLOW	MAG/YELL	CYAN/YELL	CYAN/MAG	BLACK	RICH BLACK
C100 M0 Y0 K0	C100 M0 Y0 K0	C0 M0 Y100 K0	C0 M100 Y100 K0	C100 M0 Y100 K0	C100 M100 Y0 K0	C0 M0 Y0 K100	C60 M40 Y20 K100

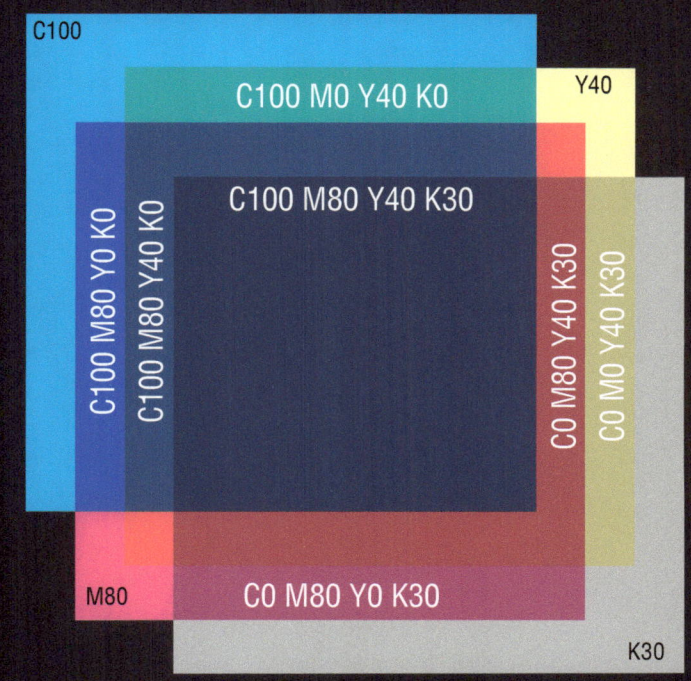

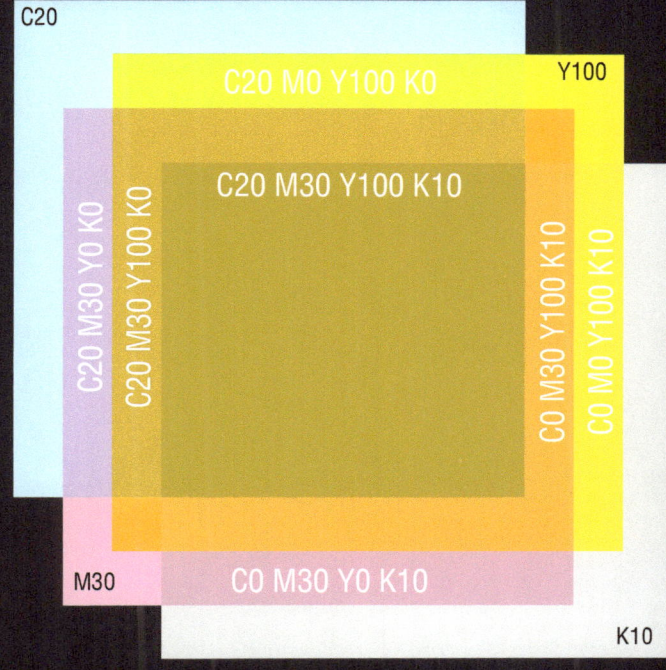

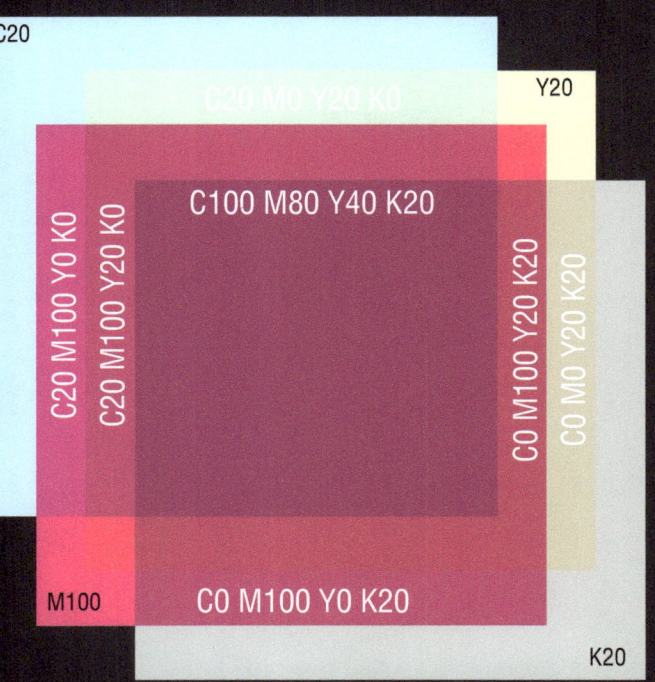

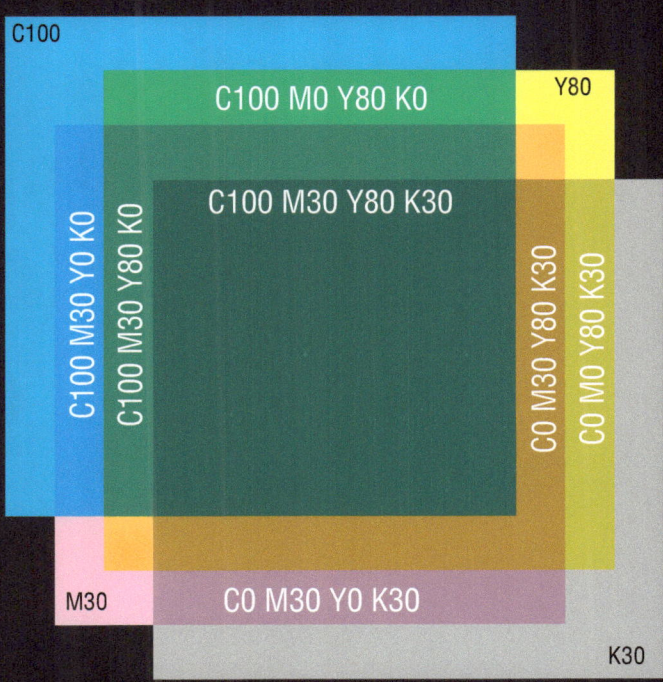

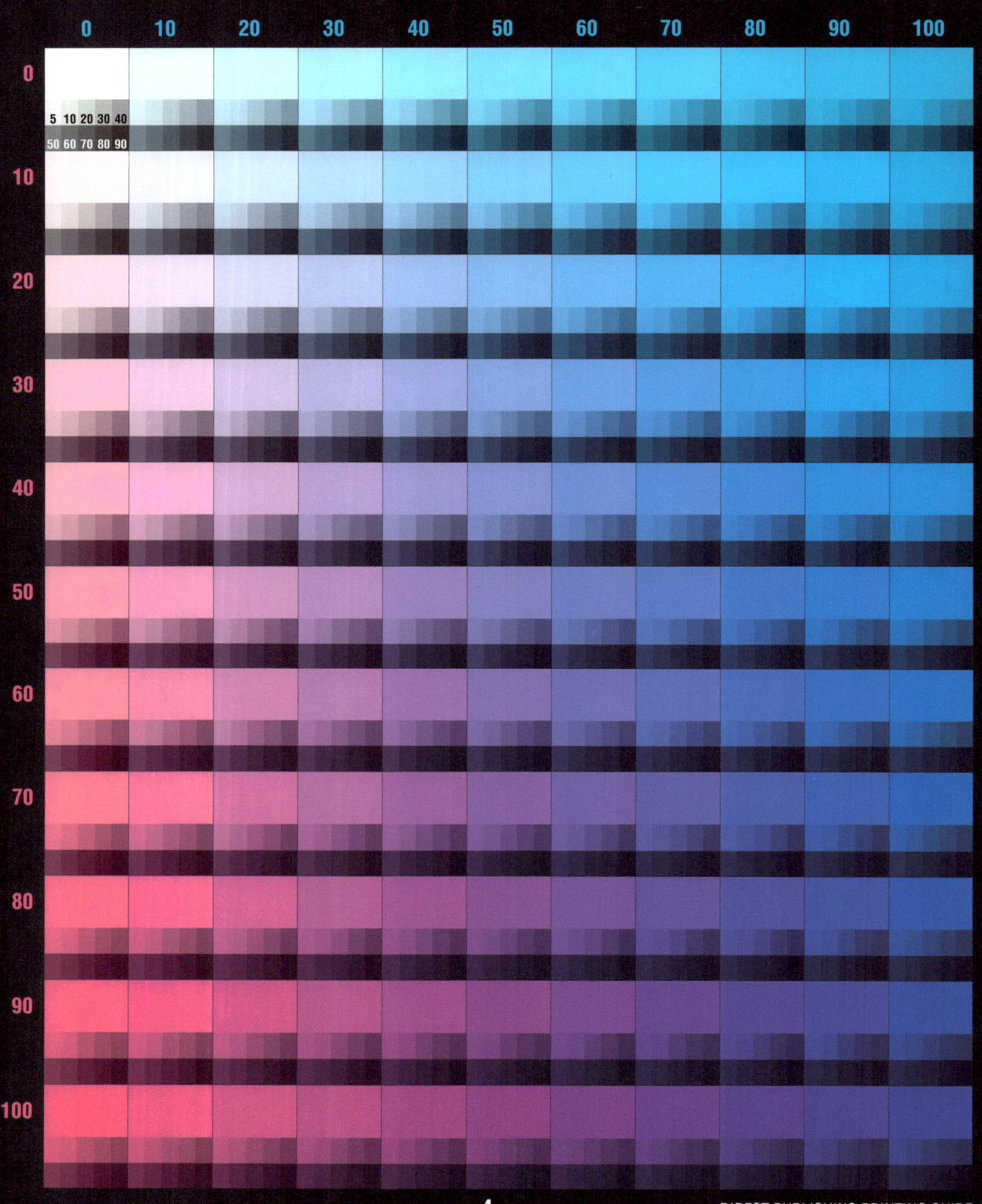

5 10 20 30 40
50 60 70 80 90

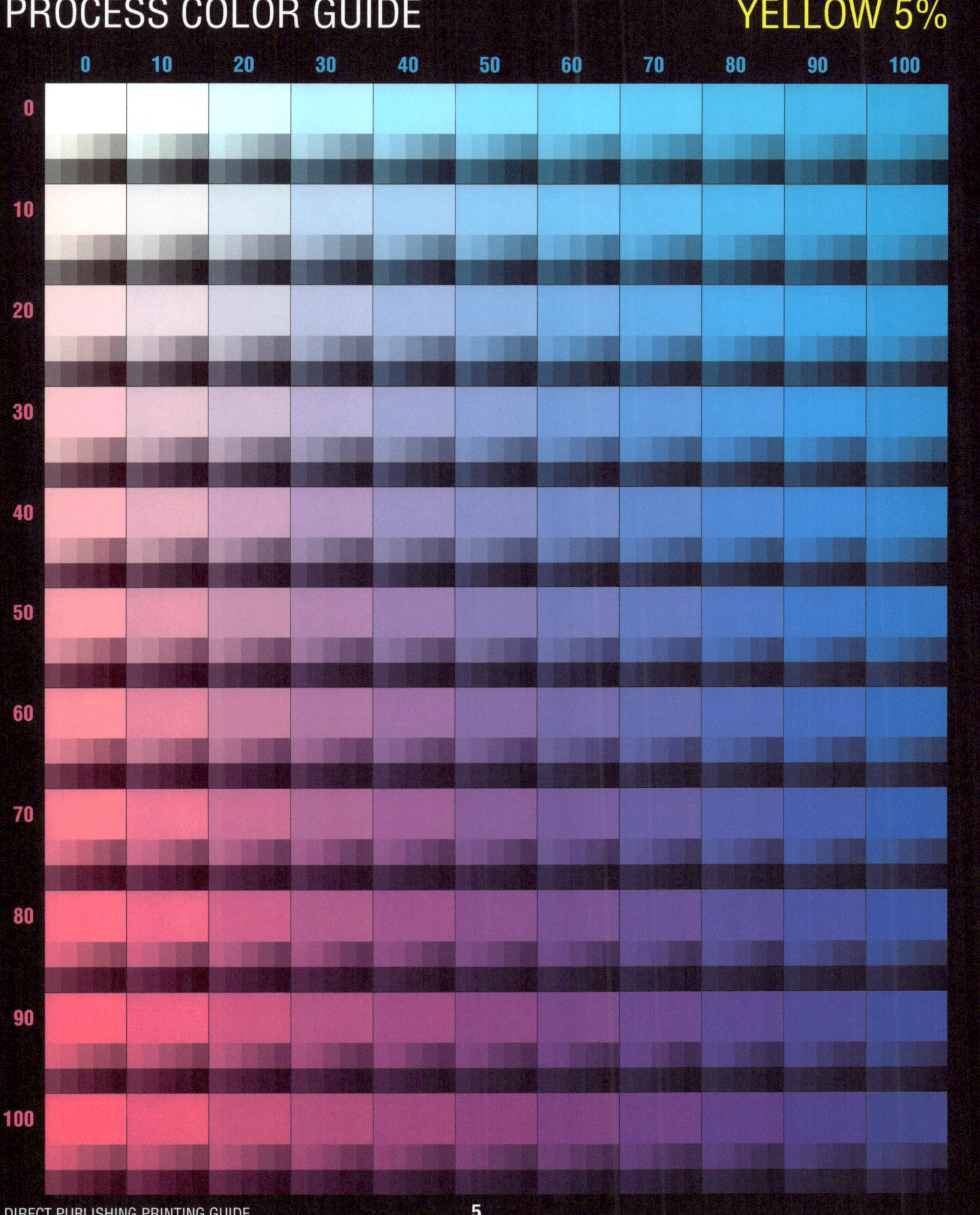

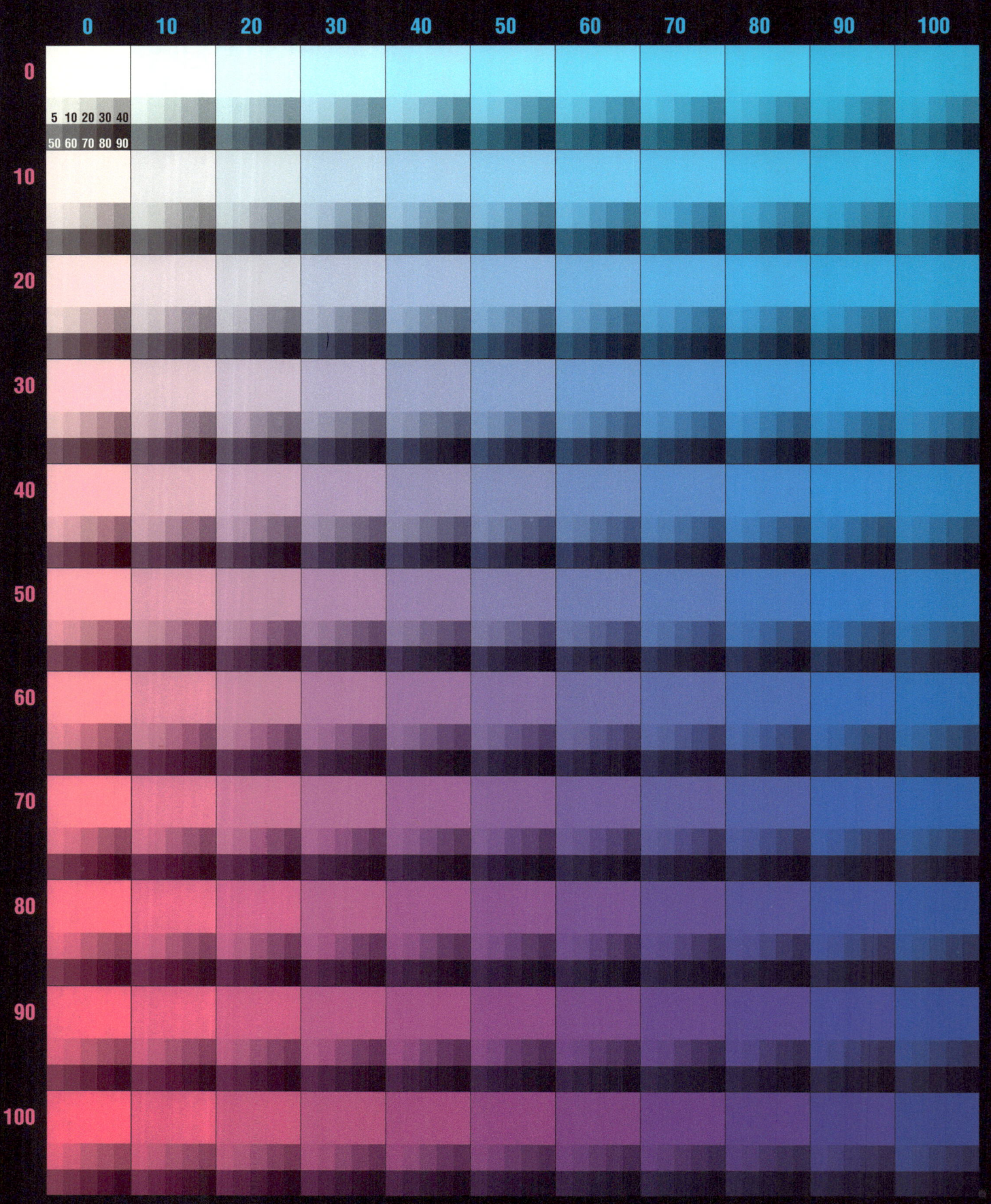

5 10 20 30 40
50 60 70 80 90

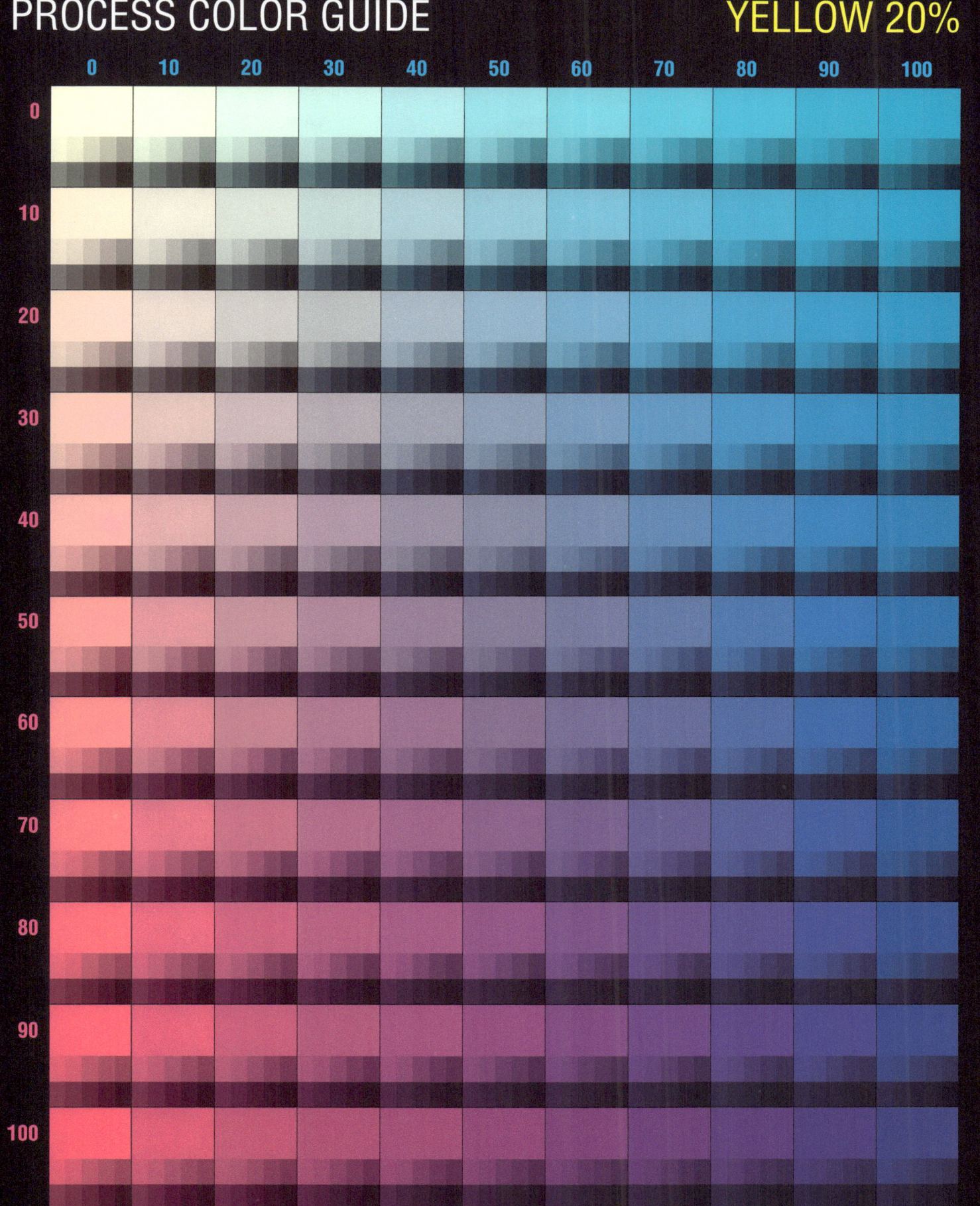

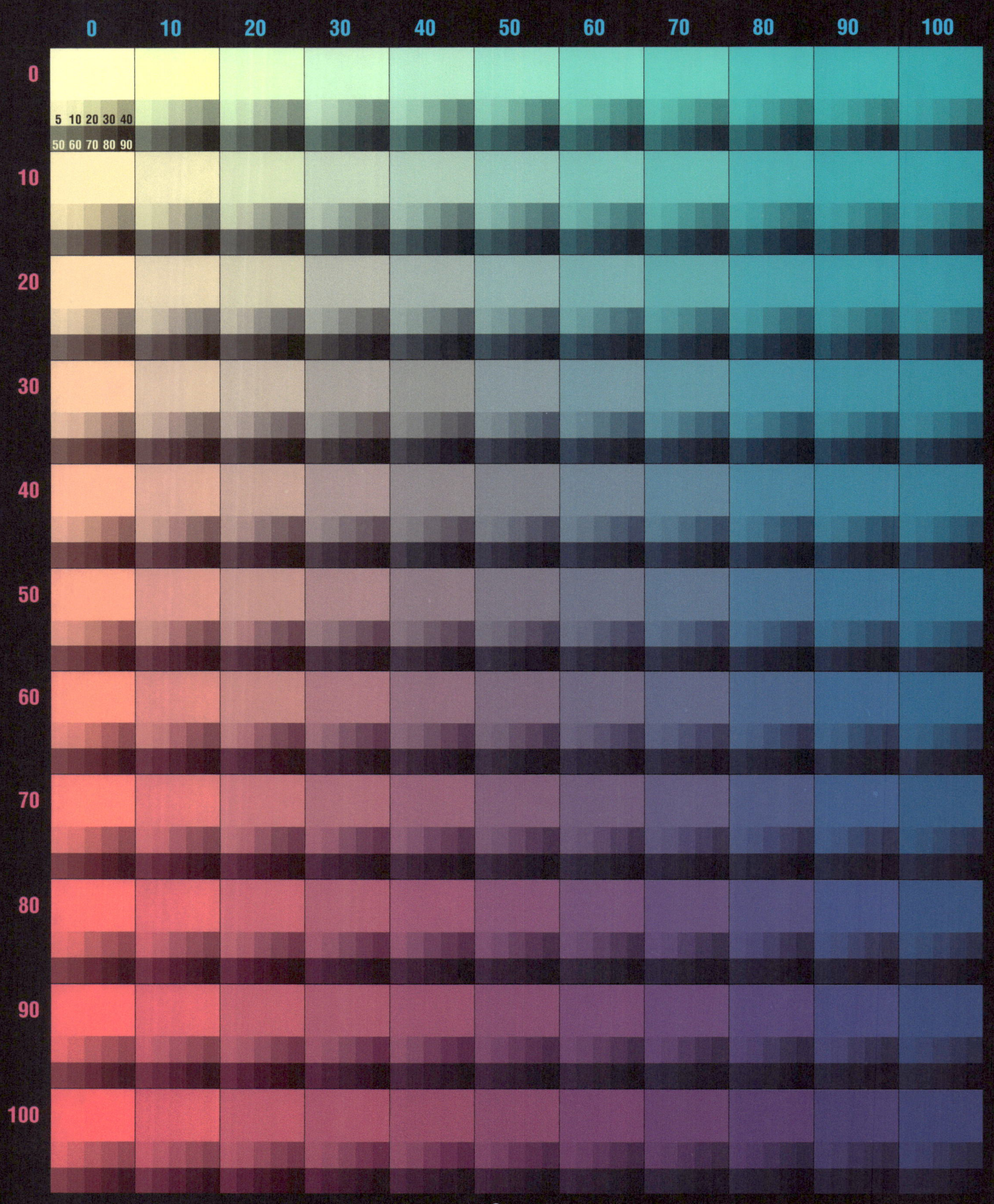

5 10 20 30 40
50 60 70 80 90

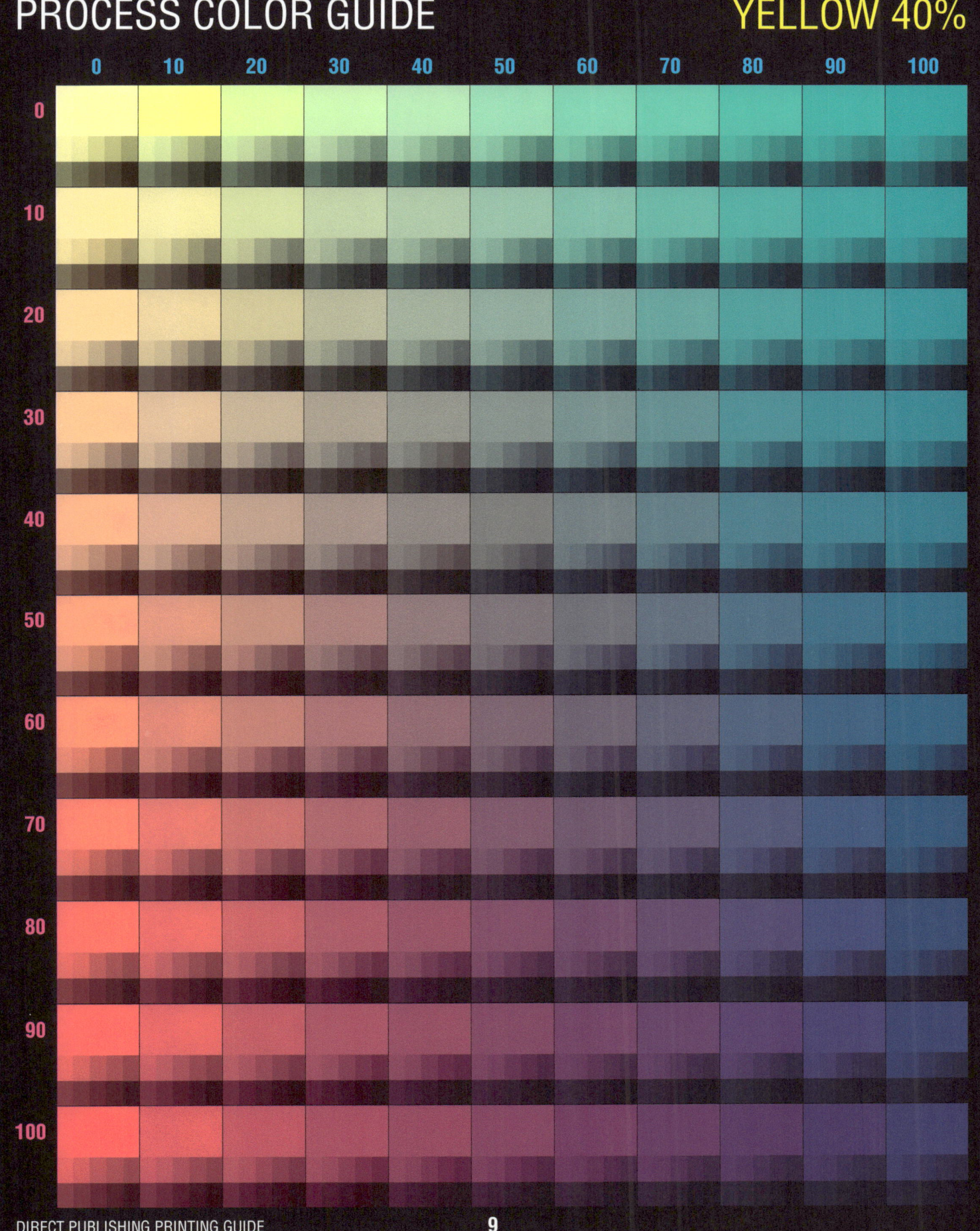

	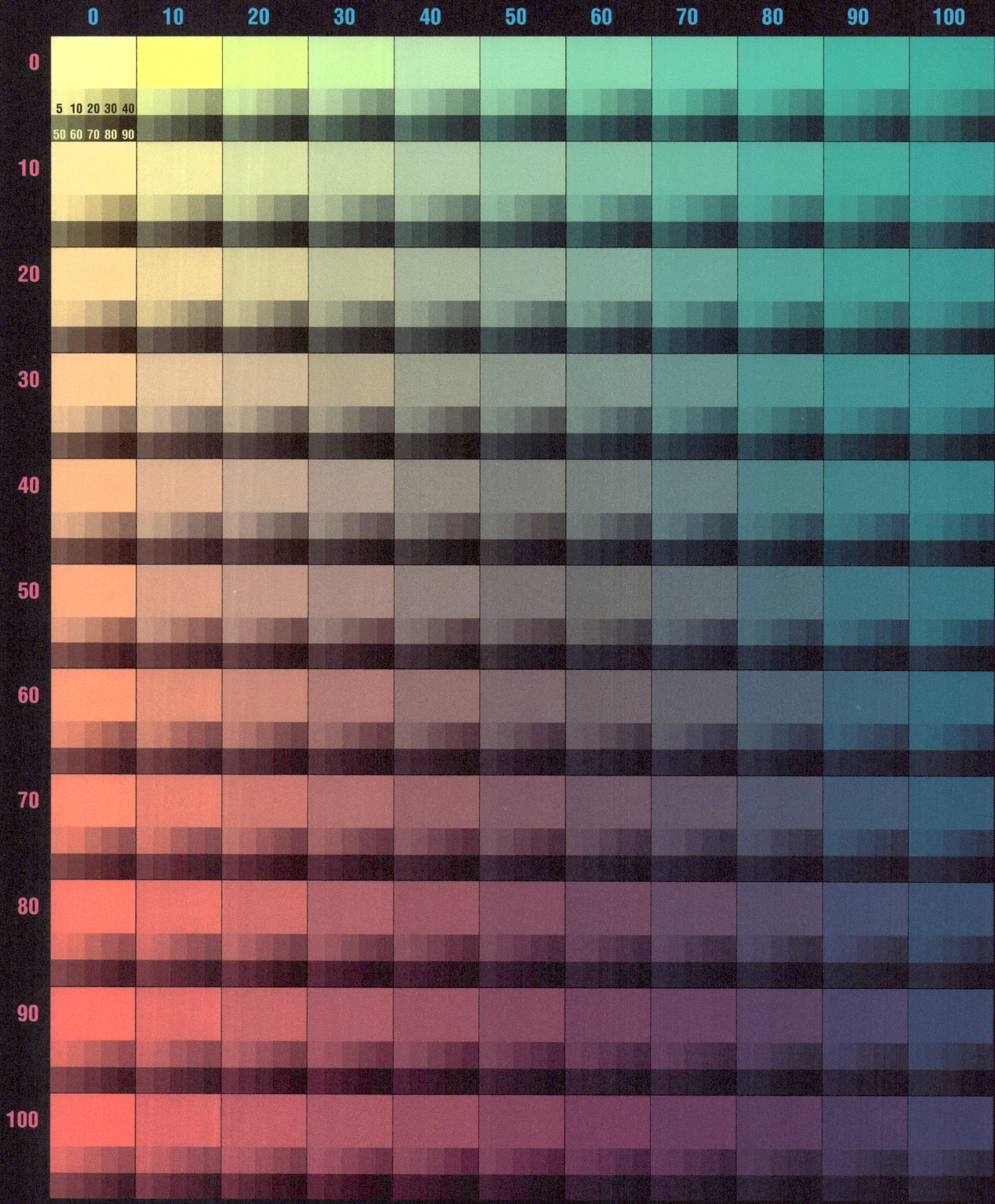 0	10	20	30	40	50	60	70	80	90	100

0

5 10 20 30 40
50 60 70 80 90

10

20

30

40

50

60

70

80

90

100

	0	10	20	30	40	50	60	70	80	90	100
0											
10											
20											
30											
40											
50											
60											
70											
80											
90											
100											

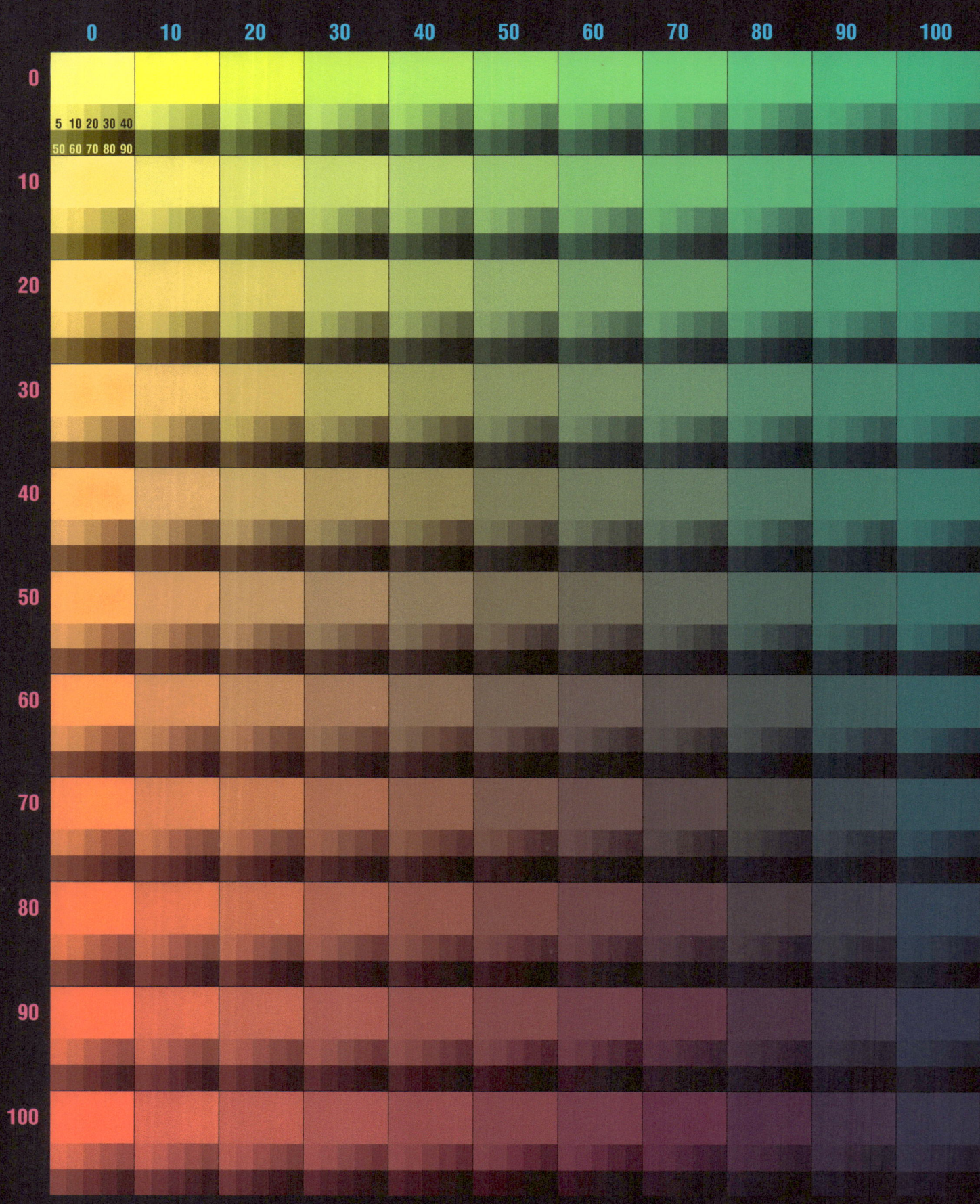

5 10 20 30 40
50 60 70 80 90

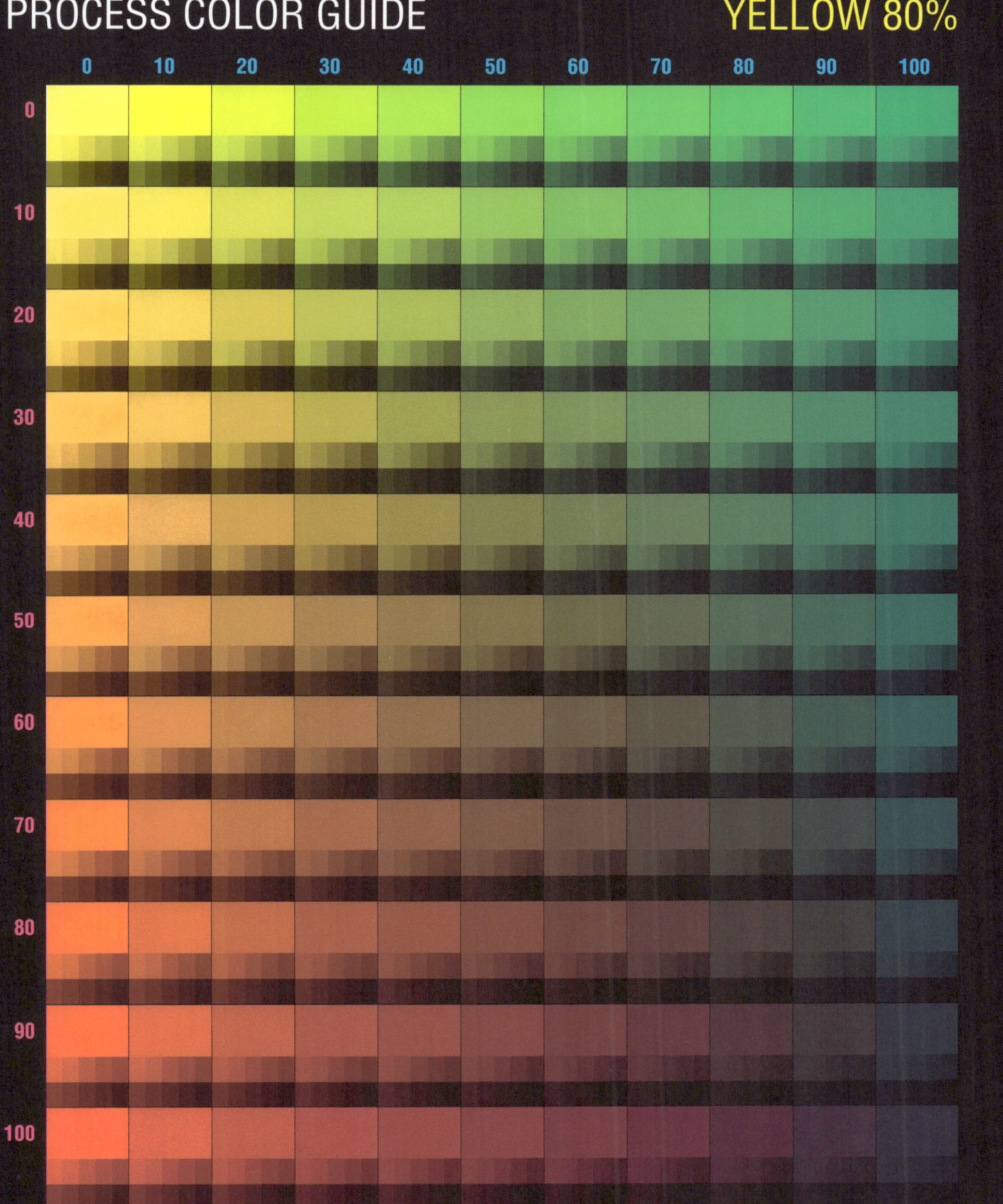

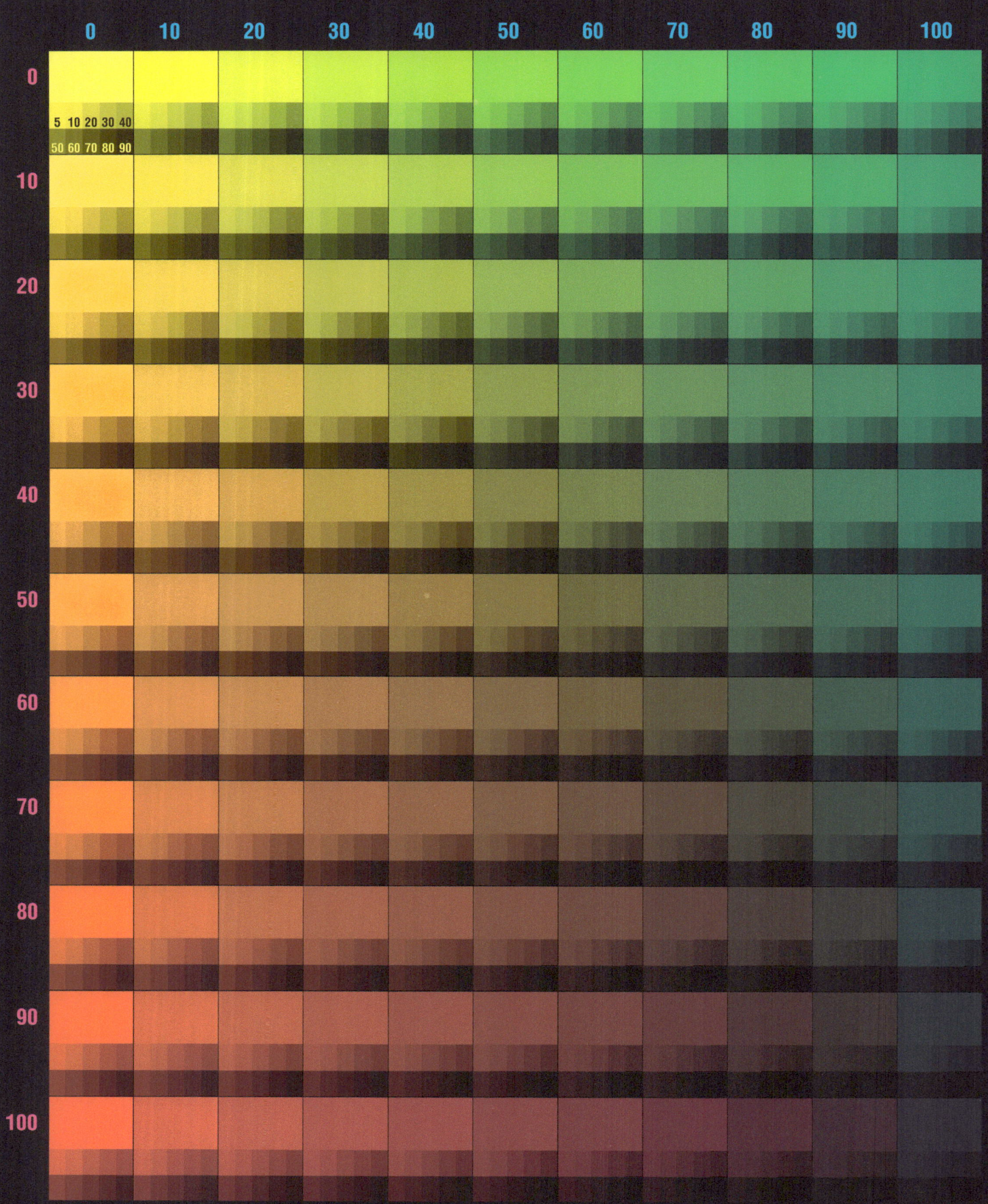

PROCESS COLOR GUIDE

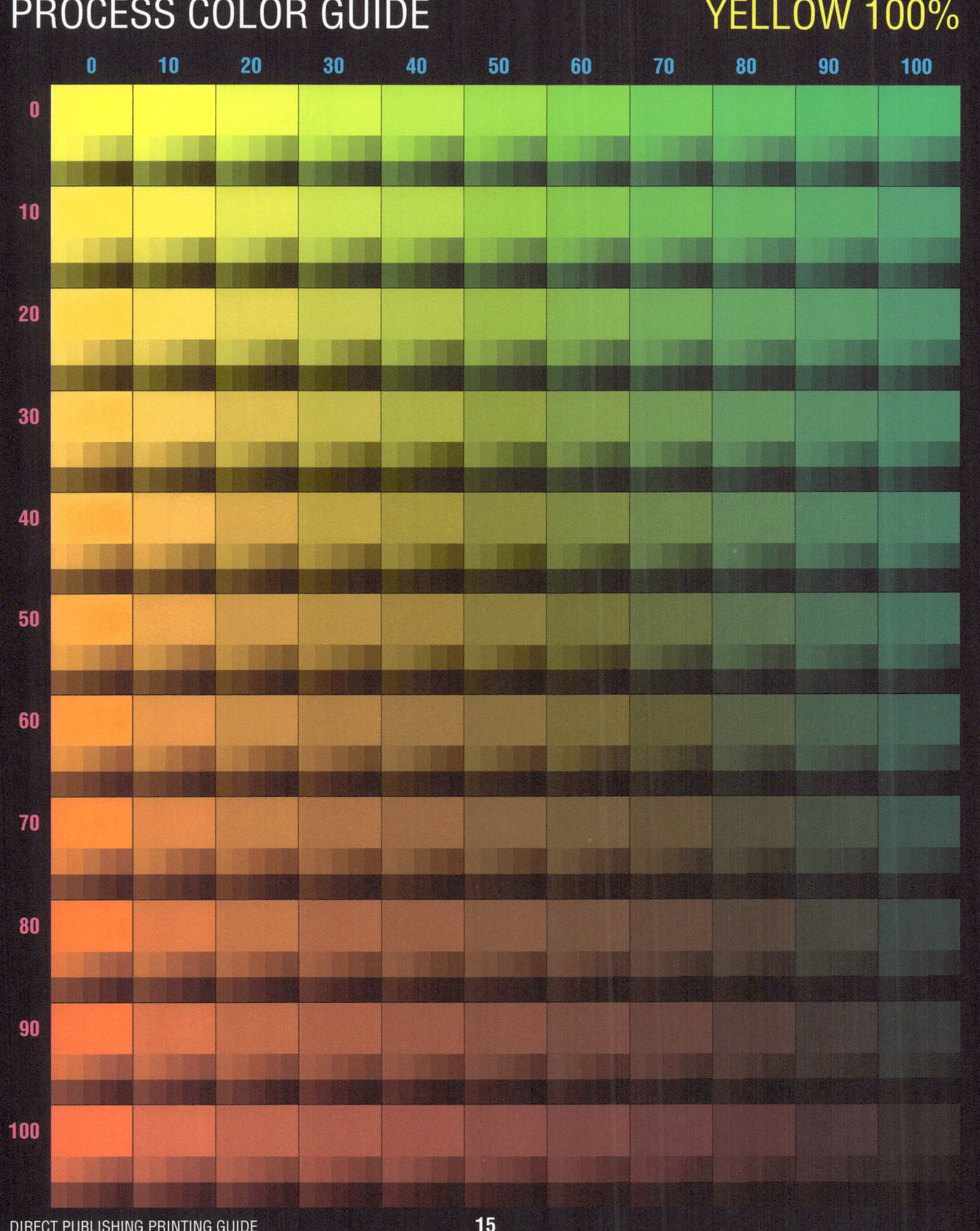

C0 M0 Y20 K0	C00 M0 Y30 K0	C0 M0 Y50 K0	C0 M10 Y20 K0	C0 M10 Y30 K0	C M10 Y50 K0

5	10	20	30	40
50	60	70	80	90

C0 M20 Y10 K0	C0 M20 Y20 K0	C0 M30 Y30 K0	C0 M20 Y50 K0	C0 M50 Y30 K0	C0 M50 Y50 K0

C0 M20 Y0 K0	C0 M30 Y0 K0	C0 M30 Y10 K0	C0 M50 Y10 K0	C0 M50 Y20 K0	C0 M50 Y30 K0

C10 M20 Y0 K0	C10 M30 Y0 K0	C0 M50 Y0 K0	C10 M50 Y0 K0	C20 M50 Y0 K0	C30 M50 Y0 K0

C20 M0 Y0 K0	C30 M0 Y0 K0	C30 M10 Y0 K0	C20 M10 Y0 K0	C20 M20 Y0 K0	C30 M30 Y0 K0

C20 M0 Y10 K0	C30 M0 Y10 K0	C10 M0 Y20 K0	C10 M0 Y30 K0	C20 M0 Y20 K0	C30 M0 Y30 K0

POPULAR COLORS - BRIGHT

C0 M0 Y70 K0	C0 M10 Y70 K0	C0 M30 Y70 K0	C0 M50 Y70 K0	C0 M70 Y70 K0	C0 M70 Y50 K0

C0 M70 Y30 K0	C0 M70 Y10 K0	C0 M70 Y0 K0	C10 M70 Y0 K0	C30 M70 Y0 K0	C50 M70 Y0 K0

C50 M10 Y0 K0	C50 M20 Y0 K0	C50 M30 Y0 K0	C70 M50 Y0 K0	C50 M50 Y0 K0	C70 M70 Y0 K0

C70 M30 Y0 K0	C50 M0 Y0 K0	C50 M0 Y10 K0	C50 M0 Y20 K0	C50 M0 Y30 K0	C50 M0 Y50 K0

C70 M10 Y0 K0	C70 M0 Y0 K0	C70 M0 Y10 K0	C70 M0 Y30 K0	C70 M0 Y50 K0	C70 M0 Y70 K0

C10 M0 Y50 K0	C20 M0 Y50 K0	C30 M0 Y50 K0	C10 M0 Y70 K0	C30 M0 Y70 K0	C50 M0 Y70 K0

C0 M0 Y100 K0	C0 M10 Y100 K0	C0 M30 Y100 K0	C0 M50 Y100 K0	C0 M70 Y100 K0	C0 M90 Y100 K0

5	10	20	30	40
50	60	70	80	90

C0 M100 Y100 K0	C0 M100 Y80 K0	C0 M100 Y70 K0	C0 M100 Y50 K0	C0 M100 Y30 K0	C0 M100 Y10 K0

C0 M100 Y0 K0	C0 M100 Y10 K0	C30 M100 Y0 K0	C50 M100 Y0 K0	C70 M100 Y0 K0	C90 M100 Y0 K0

C100 M100 Y0 K0	C100 M80 Y0 K0	C100 M70 Y0 K0	C100 M50 Y0 K0	C100 M30 Y0 K0	C100 M10 Y0 K0

C100 M0 Y0 K0	C100 M0 Y10 K0	C100 M0 Y30 K0	C100 M0 Y50 K0	C100 M0 Y70 K0	C100 M0 Y80 K0

C100 M0 Y100 K0	C80 M0 Y100 K0	C70 M0 Y100 K0	C50 M0 Y100 K0	C30 M0 Y100 K0	C10 M0 Y100 K0

POPULAR COLORS - DEEP

C10 M20 Y100 K0	C20 M30 Y100 K0	C20 M50 Y100 K0	C20 M60 Y100 K0	C30 M70 Y100 K0	C30 M90 Y100 K0

C30 M100 Y100 K60	C20 M80 Y100 K50	C30 M90 Y100 K60	C60 M90 Y100 K70	C30 M100 Y100 K0	C30 M100 Y90 K0

C30 M100 Y70 K0	C30 M100 Y60 K0	C30 M100 Y50 K0	C20 M100 Y30 K0	C20 M100 Y20 K0	C30 M100 Y2pvv0 K0

C50 M100 Y20 K0	C60 M100 Y20 K0	C70 M100 Y20 K0	C90 M100 Y20 K0	C100 M100 Y20 K0	C100 M90 Y20 K0

C100 M70 Y20 K0	C100 M60 Y20 K0	C100 M50 Y20 K0	C100 M30 Y20 K0	C100 M20 Y20 K0	C100 M20 Y40 K0

C100 M30 Y50 K0	C100 M30 Y60 K0	C100 M30 Y70 K0	C100 M30 Y80 K0	C100 M30 Y100 K0	C90 M80 Y100 K0

Resolution: 72dpi • File Size: 64kb

Resolution: 150dpi • File Size: 175kb

Resolution: 200dpi • File Size: 262kb

Resolution: 300dpi • File Size: 455kb

PICTURE RESOLUTION GUIDE - GRAYSCALE

Resolution: 72dpi • File Size: 63kb

Resolution: 150dpi • File Size: 168kb

Resolution: 200dpi • File Size: 267kb

Resolution: 300dpi • File Size: 531kb

5dpi • 50% • 45°

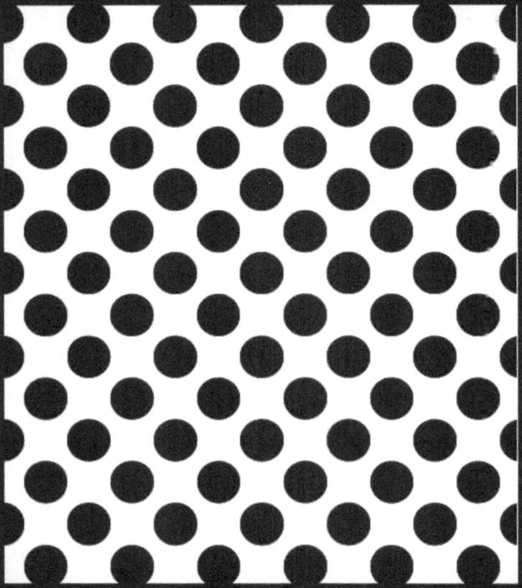

7dpi • 50% • 45°

10dpi • 50% • 45°

13dpi • 50% • 45°

15dpi • 50% • 45°

20dpi • 50% • 45°

30dpi • 50% • 45°

40dpi • 50% • 45°

45dpi • 50% • 45°

FONT SIZING and LINE DENSITY GUIDE

Helvetica Medium

Ee5 Ee6 Ee7 Ee8 Ee9 Ee10 Ee11 Ee12 Ee14 Ee16 Ee18 Ee20 Ee22 Ee24

Ee26 Ee28 Ee30 Ee32 Ee36 Ee38 Ee42 Ee44

Ee46 Ee48 Ee54 Ee58 Ee64 Ee72

Times New Roman

Ee5 Ee6 Ee7 Ee8 Ee9 Ee10 Ee11 Ee12 Ee14 Ee16 Ee18 Ee20 Ee22 Ee24

Ee26 Ee28 Ee30 Ee32 Ee36 Ee38 Ee42 Ee44

Ee46 Ee48 Ee54 Ee58 Ee64 Ee72

.25 point	————————————————————
.5 point	————————————————————
1 point	————————————————————
1.5 point	————————————————————
2 point	————————————————————
3 point	————————————————————
5 point	————————————————————
6 point	————————————————————
8 point	————————————————————
10 point	————————————————————
Thick-Thin 6 pts	————————————————————
Thick-Thin-Thick 7 pts	————————————————————
Triple 6 pts	————————————————————
Dashed 2 pts	— — — — — — — — — — —
Straight Hash 5 pts	‖‖‖‖‖‖‖‖‖‖‖‖‖‖‖‖‖‖‖‖
Right Slant Hash 5 pts	/////////////////////
Wavy 5 pts	～～～～～～～～～～～